BEI GRIN MACHT SICH IHR WISSEN BEZAHLT

- Wir veröffentlichen Ihre Hausarbeit, Bachelor- und Masterarbeit
- Ihr eigenes eBook und Buch - weltweit in allen wichtigen Shops
- Verdienen Sie an jedem Verkauf

Jetzt bei www.GRIN.com hochladen und kostenlos publizieren

Bibliografische Information der Deutschen Nationalbibliothek:

Die Deutsche Bibliothek verzeichnet diese Publikation in der Deutschen Nationalbibliografie; detaillierte bibliografische Daten sind im Internet über http://dnb.d-nb.de/ abrufbar.

Dieses Werk sowie alle darin enthaltenen einzelnen Beiträge und Abbildungen sind urheberrechtlich geschützt. Jede Verwertung, die nicht ausdrücklich vom Urheberrechtsschutz zugelassen ist, bedarf der vorherigen Zustimmung des Verlages. Das gilt insbesondere für Vervielfältigungen, Bearbeitungen, Übersetzungen, Mikroverfilmungen, Auswertungen durch Datenbanken und für die Einspeicherung und Verarbeitung in elektronische Systeme. Alle Rechte, auch die des auszugsweisen Nachdrucks, der fotomechanischen Wiedergabe (einschließlich Mikrokopie) sowie der Auswertung durch Datenbanken oder ähnliche Einrichtungen, vorbehalten.

Impressum:

Copyright © 2012 GRIN Verlag
Druck und Bindung: Books on Demand GmbH, Norderstedt Germany
ISBN: 9783668674875

Dieses Buch bei GRIN:

https://www.grin.com/document/418696

Ümran Düser

"Comfort women". Zwangsprostitution während des Zweiten Weltkrieges

GRIN Verlag

GRIN - Your knowledge has value

Der GRIN Verlag publiziert seit 1998 wissenschaftliche Arbeiten von Studenten, Hochschullehrern und anderen Akademikern als eBook und gedrucktes Buch. Die Verlagswebsite www.grin.com ist die ideale Plattform zur Veröffentlichung von Hausarbeiten, Abschlussarbeiten, wissenschaftlichen Aufsätzen, Dissertationen und Fachbüchern.

Besuchen Sie uns im Internet:

http://www.grin.com/

http://www.facebook.com/grincom

http://www.twitter.com/grin_com

Why Comfort Women?

Military Prostitution and Sexual Slavery in the World War II

1. Inhaltsverzeichnis

1. Inhaltsverzeichnis 2
2. Was bedeutet *Comfort Women*? – Abstammung, Ursprung 3
3. Die Entstehung des *Comfort Women* Systems 4
4. Grund zur Aufstellung von ‚*Comfort Stations*' 4
5. Trostfrauen und ihr Leben als Sexsklaven 5
   a. Korea und Taiwan 5
   b. China und Philippinen 6
   c. Alltag der Trostfrauen 7
6. Was wurde aus den *Ianfu?* 8
7. Öffentliche Debatte 9
8. Literaturverzeichnis 10

2. Was bedeutet *Comfort Women*? – Abstammung, Ursprung

Der Begriff ‚*Comfort Women*' wird für Frauen und Mädchen verwendet, welche im System als ‚sexuelle Dienerin' für Soldaten der japanischen Armee ‚tätig' waren. Die wörtliche Bezeichnung des japanischen Begriffs ist wörtlich *ianfu*,: Eine Frau welches Trost und Komfort bietet. Dieser Begriff wird heutzutage auch offiziell verwendet, im Deutschen wird es als ‚Trostfrau' übersetzt. Als das *Ianfu*-System erstmals international im Jahre 1990 in die Öffentlichkeit trat, wurde dafür in den Medien die englische Bezeichnung Comfort Women eingeführt. Doch es ist in diesem Zusammenhang wichtig zwischen der Prostitution und der Sklaverei zu unterscheiden. In diesem Fall war es eine Sklaverei, denn es waren Frauen und Mädchen, welche entführt und gezwungen wurden um sozusagen die japanischen Soldaten durch Sex ‚zu bedienen'. Jene Frauen, welche von dieser Art von Sklaverei betroffen waren, werden auch Comfort Women oder mit der japanischen Bezeichnung *ianfu* genannt.

Die Zahlen der Comfort Women lagen zwischen 120.000 und 200.000 in anderen Dokumenten waren es zwischen 80.000 und 100.000. Es wird geschätzt, dass 80 Prozent aus Korea abstammen. Es gab aber auch Frauen aus Japan, China und Philippinen. Es wurde festgestellt, dass 90.000 Comfort Women während des Krieges gestorben sind. Bücher, Dokumente und Filme darüber gab es schon nach Ende des zweiten Weltkriegs. Es war ein Thema, das schon existiert hatte aber es wurde darüber fast nie gesprochen, bis 1990, wo es ein internationales Thema wurde. Es kam sehr spät an die Oberfläche, da in Japan nach dem zweiten Weltkrieg viele Dokumente über das Ianfu-System vernichtet wurden, viele wichtige Dokumente wurden unter militärischer Aufsicht verbrannt. Nogi Takayuki, beschreibt, dass kurz nach der Niederlage Japans 1945 das Kriegsministerium befohlen hatte, sämtliche Dokumente in Zusammenhang mit dem Ianfu System zu vernichten:

„I had my staff burn them in the backyard of theSakurada Primary School (Headquarters of the Wartime Constuction Corps). Everything, including our personal files, was to be destroyed with the exception of some asccounting records. It took three days."[1]

Schlussendlich ist das Ianfu-System gleichzusetzen wie Zwangsprostitution. Es gilt heutzutage als das einzige weit verbreitete, vom Staat unterstützte Vergewaltigung und sexuelle Versklavung in der Geschichte.

---

[1] David Andrew *Schmidt*,Ianfu – The Comfort Women oft he Japanese Imperial Army oft he Pacific War, Broken Silence, 2000, S. 15

3. Die Entstehung des *Comfort Women* Systems

Wann genau die japanische Regierung begonnen hat militärische Bordelle (*Comfort Stations;* genannt ‚Troststationen') aufzubauen, ist heute nicht genau feststellbar. In den offiziellen japanischen Dokumenten sind Informationen darüber zu finden, welche stark behaupten, dass die ersten japanischen Militärbordelle für Soldaten und Offiziere während der Besatzung Shanghai von den Japanern im Jahre 1932 errichtet wurden. Doch es gab in Shanghai davor nicht nur militärische sondern auch private Bordelle. Im Jahre 1930 begann die japanische Kriegsmarine Comfort Women nach China zu senden. Danach baut die japanische Armee seine eigenen Bordelle in Shanghai auf. Das wurde damals, wie der Autor Tanaka in seinem Werk angibt, vom General Okamura Yasuji durchgeführt um, seiner Ansicht nach, den Vergewaltigungen der japanischen Soldaten an zivile Chinesen vorzubeugen. Doch dies hatte überhaupt nicht dazu beigetragen.

4. Grund zur Aufstellung von ‚*Comfort Stations*'

Es gab Gründe, weshalb die japanische Armee Comfort Stations aufgebaut hatte. Wie auch schon in der Entstehung erwähnt, waren die Oberhäupter des japanischen Militärs über die Vergewaltigung an zivilen Frauen um der japanischen Armee besorgt, also nicht besorgt um die zivile Bevölkerung. Außerdem glaubten sie, dass die Feindseligkeit von Zivilen, in belegten Gebieten, auf ihre Eroberer, also an Japaner, sich an einem solchen Verhalten verschlimmern könnte. Es sollten ‚freiwillige Frauen' für das Militär dazu beitragen, dass die Vergewaltigungen an zivile Frauen gesenkt wird. Ob diese Art von Ausbeutung der Frauen in *Comfort Stations* erfolgreich war kann man abstreiten.

Der Begründer der Initiative des Comfort Women Systems, General Okamura stellte fest, dass die sexuelle Gewalt, obwohl die japanische Armee Gruppen von Trostfrauen ‚eingestellt' hatte, weiterhin bestanden ist. Daraufhin gab er zu, dass er mit diesem grausamen System gescheitert ist. Die Trostfrauen waren als ‚militärische Versorgerinnen' genannt, doch in Dokumenten wurde es nicht angegeben oder nach dem Krieg vernichtet. Es ist unmöglich zu wissen, wie viele Frauen auf diese Weise sexuell ausgebeutet wurden. Aus dem japanischen Militärplan wurde herausgefunden, dass im Jahre 1941 20.000 Trostfrauen für 80.000 japanische Soldaten zur Verfügung standen, das bedeutet jede Frau hatte 40 Soldaten zu bedienen. Es waren 3.5 Millionen Soldaten, welche während des Krieges nach China und Südwestasien geschickt worden sind. Es wird angenommen, dass von 20.000 Frauen koreanischer Abstammung sind, aber viele auch aus Taiwan, China, Philippinen, Indonesien und Malaysia stammen.

Weshalb diese Frauen meist aus Korea oder aus naheliegenden Gebieten nach Japan gebracht wurden, war der Rassismus der Japaner gegenüber anderen asiatischen Ländern, abhängig. Diese Form von Rassismus machte die Frauen für die Rolle als Comfort Women sehr geeignet und passend. Auch japanische Prostituierte hatten im japanischen Militär Soldaten bedient, doch sie hatten meist eine andere bzw. eine gehobene Stellung im Vergleich zu Trostfrauen aus beispielsweise Korea. Sie bedienten in *Comfort Stations* meist Offiziere und hatten bessere Bedingungen als asiatische Trostfrauen. Frauen vor allem aus Korea wurden, aufgrund der kulturellen Ähnlichkeit, nach Japan deportiert. Auch die japanische Sprache war in Korea obligatorisch, da es bis 1945 unter der Kolonialisierung Japans stand. Die Frauen im Comfort Women System wurden zu Opfern von systematischer Vergewaltigung und sexueller Sklaverei.

5. Trostfrauen und ihr Leben als Sexsklaven

a. Korea und Taiwan

In Korea, wie auch in anderen asiatischen Gebieten, wurden den Mädchen falsche Versprechungen gegeben um sie in *Comfort Stations* zu locken. Ihnen wird meist eine Arbeit als Fabrikangestellte, Krankenschwesterassistentin, Küchengehilfe oder ähnliches versprochen. Der Tochter einer armen Familie ist dieses Angebot sehr anlockend. Männer, welche diese Mädchen Versprechungen gegeben haben, waren meist Besitzer von *Comfort Stations*, die in China betrieben wurden, oder jene, die direkt vom japanischem Militär angestellt wurden. Sie hatten die Aufgabe eine bestimmte Anzahl von Frauen und Mädchen zu deportieren. Es waren auch Männer, die von Besitzer der *Comfort Stations* beauftragt wurden. Diese Männer werden ‚anwerbe Agenten' genannt, die von Stadt zu Stadt gezogen sind um eine Anzahl von Frauen beisammen zu haben. Diese wurden in ihrem Aufenthalt in Korea sehr gut behandelt bis diese mit der tatsächlichen Situation konfrontiert wurden. Es wurde herausgefunden, dass alle unverheirateten Mädchen über 14 Jahre als Comfort Women zur sexuellen Sklaverei gezwungen wurden. Tatsache ist, dass meist koreanische Frauen und Mädchen zum Opfer gewählt wurden.

b. China und Philippinen

In China und in Philippinen verwendeten die Japaner andere Methoden um Mädchen in die Comfort Stations zu locken. Nach Untersuchungen Su Zhiliang, dem Professor an der Universität in Shanghai, organisierte das japanische Militär eine Gruppe von chinesischen Mitarbeitern, welche zur Anlockung von chinesischen Frauen beauftragt waren. Es kam allein in China schon zu sexuellen Übergriffen der Japaner an zivilen Frauen. Sogar in den Gebieten, wo die chinesische Armee stark dominiert hatte, behandelten die Japaner die Bevölkerung sehr brutal und gewalttätig, viele Frauen wurden Opfer von sexuellen Übergriffen. Wenn ein chinesisches Gebiet oder chinesische Stadt gewalttätig galt, bedeutete dies, dass die japanischen Truppen das Recht hatten diese Stadt zu zerstören, Gebäude zu verbrennen und die Bewohner zu töten. Da Japaner dieses ‚Recht' hatten, war es gleich, wenn Frauen in *Comfort Stations* gebracht wurden, da sie ohnehin sterben würden.

In China gab es in diesen Gegenden *Comfort Stations* in denen Mädchen von ihren Familien zwangsweise entnommen wurden, für maximal sechs Monate in militärische Lager gebracht, durchgehend von japanischen Soldaten, in manchen Fällen sogar von chinesischen Agenten, vergewaltigt wurden. Diese jungen unverheirateten Mädchen waren in der Mehrheit zwischen 15 und 18 Jahren, manche sogar jünger als 15. Aus Untersuchungen über die *Comfort Stations* in Philippinen wurden in Archiven in Japan und USA gefunden. Es ist von diesen unmöglich herauszufinden, in welchen Zuständen diese Comfort Women gezwungen waren zu leben und japanische Truppen zu bedienen. Dazu gibt der Autor Tanaka mehr als einige Beispiele. Eines davon handelt von einem 17-jährigen Mädchen in Philippinen:

„Rufina Fernandez, a 17-year-old Manila girl witnessed the murder of both her parents and one of her sister, when japanese soldiers broke into their home one night in 1944. The japanese tried to take her an her father away with them, when he resisted he was beheaded. When her mother tried to do the same, she was killed. Her youngest sister was also killed in front of her. Her two other younger sisters were crying as she was taken from the house. Their crying suddenly stopped and she presumed that they, too, had been killed by the Japanese."[2]

---

[2] Tanaka, Yuki; Japan's Comfort Women, Sexual slavery ans prostituton during World War II and the US Occupation, 2002, S. 50

c. Alltag der Trostfrauen

Als Frauen in *Comfort Stations* angekommen sind, waren sie mit dem konfrontiert, was sie nie erwartet hätten. Viele stellten sich gegen diese sexuelle Gewalt, doch diese wurden entweder geschlagen, gezwungen, vergewaltigt, meist gefoltert oder ermordet. Die Einrichtungen von *Comfort Stations* waren von Station zu Station unterschiedlich. Sie waren meist ausgestattet mit einer Kommode, einem Bett und anderen Gegenständen. Die Stationen waren unterteilt in mehreren Räumen, welche sich durch dünne Holzwände voneinander trennten. In manchen Stationen hatten die Räume keine Türen und Wände, diese bestanden nur aus Vorhängen. Jede Station wurde vom Militär kontrolliert auch, wenn es eine private Station war. Die Zeiten, an denen die Frauen die Soldaten bedienten, waren in vielen Stationen ähnlich, ca. von 9 Uhr morgens bis spät am Abend. In der Nacht war es nur den Offizieren erlaubt bedient zu werden. Außerdem gab es für die Comfort Women nur einen freien Tag im Monat, sonst waren sie täglich gezwungen 30-40 Männern zu bedienen. Die meisten mussten außer diesen Zeiten für Soldaten kochen, putzen, waschen etc.

Jeder Soldat war verpflichtet Kondome zu verwenden, doch die meisten richteten sich nicht danach. Es gab Frauen die schwanger wurden und danach operiert werden mussten. An manchen Frauen wurden sogar mehrmals Abtreibungen durchgeführt, was meist die Folge von Unfruchtbarkeit war. Andernfalls wurden Kondome von Trostfrauen desinfiziert und wiederverwendet um auch Krankheiten vorzubeugen. Wie heutzutage von ehemaligen Comfort Women berichtet wird, hatten sie täglich Schmerzen, Blutungen und Schwellungen im Genitalbereich, denn sie waren auch während ihrer Menstruation und Schwangerschaft gezwungen den Soldaten sexuell zu bedienen. Falls es zu einer Geburt kam, zu ‚Stillgeburten' in den eigenen ‚Zimmern' der Frauen, wurden die Säuglinge den Müttern entnommen.

Einmal in der Woche kam ein Mediziner und untersuchte Frauen auf Krankheiten. Die meisten Frauen verwendeten Narkose, um der physischen und psychologischen Schmerzen zu fliehen. Meist wurde Opium oder Philopon gegeben. Manche Manager erlaubten Frauen mehr Narkose zu nehmen um härter zu arbeiten andere wurden abhängig. Es gab aber auch Frauen, die das Leben als ‚Sex-Sklaven' nicht überstehen konnten und begannen Selbstmord, indem sie eine Art von Reinigungsflüssigkeit getrunken haben, das ihnen eigentlich zum Waschen der Genitalien gegeben worden war. Andere nahmen Überdosen von Drogen gemischt mit Alkohol. Es waren auch Fälle, in denen ein depressiver Soldat eine Trostfrau, die er immer bevorzugt hatte, zwang mit ihm einen doppelten Selbstmord zu begehen. Viele Frauen starben auch im Krieg. Nach dem Krieg wurden Comfort Women von den Alliierten befreit und nach

Hause geschickt, doch viele mussten alleine zurückkehren aber andere blieben in naheliegenden Gegenden, weil sie sich schämten, ihrer Familie zu begegnen. Es wurden aber auch Frauen von russischen Truppen, welche im Jahre 1945 südlich Japans einmarschierten, vergewaltigt.

6. Was wurde aus den *Ianfu*?

Frauen, die als Comfort Women überlebt haben, sprachen sehr selten über ihre Vergangenheit. Einige Frauen konnten diese Demütigung nicht mit sich tragen und begangen nach der Rückkehr Selbstmord. Viele Überlebende Comfort Women welche nicht in der Lage waren ihre Vergangenheit zu verbergen, wurden von ihren Familien oder von der Gesellschaft der Öffentlichkeit vermieden. Sehr selten wurde es der Fall, dass eine Frau eine nationale Märtyrerin wurde.

Das Ergebnis solcher Vergewaltigung führt dazu, dass die betroffenen Frauen nicht heiraten und keine Beziehungen eingehen können Außerdem ist es eine grausame Folter für eine ältere Frau, über eine solche miserable Katastrophe, welche sich in einem vergangenen Jahrzehnt ereignet hat, erzählen zu müssen. Der Begriff ‚Jungfräulichkeit' hatte damals nicht die gleiche Bedeutung wie heute. Es war entscheidend oder viel mehr entscheidend als das eigene Leben. In erhaltenen Dokumenten wurde herausgefunden, dass viele der Comfort Women einfach ermordet worden sind. Es sind Aussagen von einigen Frauen veröffentlicht worden, welche erzählt haben, dass viele in Gruppen in eine nahe gelegene Höhle gebracht und dort gesprengt wurden. Kim Dae Il, ein südkoreanischer Politiker, sagte aus, dass wenn eine Epidemie in einer Comfort Station in Shanghai ausgebrochen ist, die Japaner es verbrannt haben oder auch wenn die Armee die Schlachten in Singapur verloren hatten, ließen die Soldaten ihre Wut an den Frauen aus, indem sie ziellos auf sie geschossen oder Handgranaten auf sie geworfen haben. Viele *Ianfu* erzählten ihre Geschichte meist aus Scham und Angst nicht. Außerdem hat die japanische Regierung das Ereignis der *Ianfu* nie zugegeben und seit mehr als fünfzig Jahren meinte es, dass die Frauen und Mädchen zu *Comfort Stations* von privaten Vermittlern gebracht wurden.

7. Öffentliche Debatte

Als das *Ianfu*-System erstmals international im Jahre 1990 in die Öffentlichkeit trat, wurde dafür in den Medien die englische Bezeichnung *Comfort Women* eingeführt. Doch es ist in diesem Zusammenhang wichtig zwischen der Prostitution und der Sklaverei zu unterscheiden. In diesem Fall war es eine Sklaverei, denn es waren Frauen und Mädchen, welche entführt und gezwungen wurden um sozusagen die japanischen Soldaten durch Sex ‚zu bedienen'. Jene Frauen, welche von dieser Art von Sklaverei betroffen waren, werden auch *Comfort Women* oder mit der japanischen Bezeichnung *ianfu* genannt. Bücher, Dokumente und Filme darüber gab es schon nach Ende des zweiten Weltkriegs. Es war ein Thema, das schon existiert hatte aber es wurde darüber fast nie gesprochen, bis 1990, wo es ein internationales Thema wurde. Es kam sehr spät an die Oberfläche, da in Japan nach dem zweiten Weltkrieg viele Dokumente über das Ianfu-System vernichtet wurden, viele wichtige Dokumente wurden unter militärischer Aufsicht verbrannt. Nogi Takayuki, beschreibt, dass kurz nach der Niederlage Japans 1945 das Kriegsministerium befohlen hatte, sämtliche Dokumente in Zusammenhang mit dem Ianfu System zu vernichten:

„I had my staff burn them in the back yard of the Sakurada Primary School (Headquarters oft he Wartime Constuction Corps). Everything, including our personal files, was to be destroyed with the exception of some asccounting records. It took three days."[3]

Nach zwei Jahren als die Comfort Women ein internationales Thema wurde sagte im Jahre 1992, mehr als ein halbes Jahrhundert später nach dem Krieg erstmals eine Trostfrau, Maria Rosa Henson, ihre Vergangenheit der Öffentlichkeit aus. Nach ihrer Aussage trauten immer mehr betroffene Frauen sich der Öffentlichkeit an.

Schlussendlich ist das Ianfu-System gleichzusetzen wie mit der Zwangsprostitution. Es gilt heutzutage als das einzige weit verbreitete, vom Staat unterstützte Vergewaltigung und sexuelle Versklavung in der Geschichte.

---

[3] David Andrew *Schmidt,* Ianfu – The Comfort Women oft he Japanese Imperial Army oft he Pacific War, Broken Silence, 2000, S. 15

8. Literaturverzeichnis

a) Yuki *Tanaka,* Japan'sComfort Women, Sexual slavery and prostitution during World War II and the US Occupation (London 2002).

b) David Andrew *Schmidt,* Ianfu – The Comfort Women oft he Japanese Imperial Army oft he Pacific War, Broken Silence (Lewiston, New York 2000).

BEI GRIN MACHT SICH IHR WISSEN BEZAHLT

- Wir veröffentlichen Ihre Hausarbeit, Bachelor- und Masterarbeit

- Ihr eigenes eBook und Buch - weltweit in allen wichtigen Shops

- Verdienen Sie an jedem Verkauf

Jetzt bei www.GRIN.com hochladen und kostenlos publizieren